AF259816

S3
Lb 1067.

LA
SCIENCE DU RÉPUBLICAIN,

OU LA

véritable signification des mots:

LIBERTÉ, ÉGALITÉ, FRATERNITÉ.

A L'USAGE DES INSTITUTEURS PRIMAIRES,

ET DE TOUS LES CITOYENS QUI VEULENT BIEN COMPRENDRE
ET BIEN EXPLIQUER A D'AUTRES

LE PROGRAMME DE LA RÉPUBLIQUE FRANÇAISE.

PAR

LE CITOYEN Philippe LAVERGNE,

Ancien maître de pension;
ancien chef de section dans la Société des Droits de l'Homme.

Prix : 50 centimes.

PARIS,

JUST ROUVIER, LIBRAIRE,

8, RUE DU PAON.

1848.

LA
SCIENCE DU RÉPUBLICAIN.

LA
SCIENCE DU RÉPUBLICAIN,

OU LA

véritable signification des mots:

LIBERTÉ, ÉGALITÉ, FRATERNITÉ.

A L'USAGE DES INSTITUTEURS PRIMAIRES,

ET DE TOUS LES CITOYENS QUI VEULENT BIEN COMPRENDRE

ET BIEN EXPLIQUER A D'AUTRES

LE PROGRAMME DE LA RÉPUBLIQUE FRANÇAISE.

PAR

LE CITOYEN Philippe LAVERGNE,

Ancien maître de pension;
Ancien chef de section dans la Société des Droits de l'Homme.

BIBLIOTHÈQUE NATIONALE
R. F.
IMPRIMÉS

———>o0o<———

PARIS,

JUST ROUVIER, LIBRAIRE,
8, RUE DU PAON.
—
1848.

IMPRIMERIE DE POMMERET DE GUÉNOT, RUE MIGNON, 2.

SCIENCE DU RÉPUBLICAIN.

NOUS SOMMES LIBRES!

NOUS SOMMES ÉGAUX! NOUS SOMMES FRÈRES!

Nous sommes libres. A ces paroles magiques, chacun tressaille d'allégresse; la poitrine se dilate, comme débarrassée d'un poids oppresseur : on respire à l'aise; les nerfs se tendent et s'assouplissent avec plus de vigueur et d'élasticité; le regard dévore l'espace; l'imagination franchit tous les horizons, et s'élance dans l'infini; des idées nouvelles se présentent en foule à notre esprit, dans un langage nouveau; nos facultés physiques, intellectuelles et morales, augmentent en puissance et en intensité; l'homme tout entier se sent dispos, impatient de penser, de parler, d'agir, d'utiliser aussitôt sa noble et précieuse conquête : sa liberté.

Nous sommes égaux. Ceux qui étaient accablés par l'injustice sociale se redressent avec fierté. Ceux qui pliaient sous le fardeau du malheur s'appuient sur l'espérance, et soutiennent sans faiblir la charge écrasante que la République va s'empresser d'alléger. Ceux qui rampaient volontairement aux pieds de la puissance se hâtent de se relever, et s'efforcent d'effacer la honteuse courbure que leur corps a contractée. Quant aux prétendus *grands*, dont l'arrêt vient d'être prononcé, ils s'empressent de descendre des échasses au moyen desquelles ils nous dépassaient de toute leur tête sans cervelle; malgré leur dextérité, plusieurs courent le risque d'une chute, et le rire inextinguible de la foule qui assiste à cette descente précipitée est le seul châtiment infligé à leur longue et funeste usurpation. Le niveau passe sur toutes les tailles; mais le génie et la vertu conservent l'éternel privilége de dominer les masses par leur élévation naturelle,

Nous sommes frères. C'est la fête universelle des cœurs. Je cherche autour de moi un ami pour lui sourire, un ennemi pour lui pardonner, un malheureux pour le soulager, un heureux pour m'associer à sa joie. Oui, comme l'a si bien dit un grand poète, qui est en même temps un grand citoyen, je cherche *une âme qui réponde à mon âme* ; je n'irai pas loin pour la trouver, je la rencontrerai dans le premier venu : car il suffit d'être républicain pour s'aimer, pour se le dire, pour se vouloir et surtout pour se faire du bien.

Buffon a décrit, dans une de ses pages les plus éloquentes, le premier éveil de l'homme de la nature, qui fait connaissance avec le monde, qui s'enivre des couleurs, des parfums, des saveurs, des formes, des harmonies, et par dessus tout du sentiment intime de sa propre existence. Que ne puis-je lui emprunter un instant ses pinceaux immortels pour dépeindre l'homme social qui s'éveille à la liberté ! Vous le verriez également ébloui, charmé, frémissant d'une soudaine initiation...... tour à tour transporté par l'enthousiasme qui mène à l'action, et bercé par l'extase qui conduit à la rêverie. Vous verriez briller à ses yeux des splendeurs spirituelles mille fois plus éclatantes que les richesses matérielles qui fascinaient Adam. La félicité du genre humain, sa concorde inaltérable, ses étonnants progrès dans les arts, dans les sciences et dans l'exploitation de l'univers ; le rayonnement des intelligences, le concert de l'amour et de la félicité...., en un mot, tous les merveilleux et innombrables enchantements de l'avenir, le ravissent et le consolent des maux que le présent nous offre encore, et que la tâche commune est de faire disparaître au plus vite.

Espérons, espérons, mes frères. Quand tous veulent le bonheur de chacun, quand chacun veut celui de tous, il est impossible que l'espèce humaine ne parvienne pas à s'assurer de belles destinées.

Espérons, et réjouissons-nous. Mais n'oublions pas que le triomphe de nos vœux et de nos espérances dépend de la manière dont nous entendrons et dont nous pratiquerons notre triple symbole : LIBERTÉ, ÉGALITÉ, FRATERNITÉ. Il ne suffit pas de donner à ces termes une adhésion vague et passionnée. Il faut, au contraire, en connaître le sens précis, afin de savoir à quoi nous nous engageons en les adoptant pour règle de conduite, et de conformer nos actes, en toute occasion, aux préceptes que renferme chacun des trois dogmes humanitaires.

Après avoir fait la part légitime de *l'exaltation républicaine*, faisons donc la part de la *raison républicaine*, ou plutôt fortifions l'une par l'autre ; car mieux nous comprendrons la portée de notre sublime programme, et plus nous nous dévouerons pour accélérer sa réalisation au profit de l'humanité.

QUESTIONNAIRE POLITIQUE.

PREMIÈRE PARTIE.

DE LA LIBERTÉ.

1° Définition de la Liberté.

Qu'est-ce que la liberté en théorie?

C'est le pouvoir de faire tout ce qu'on veut.

Cette sorte de liberté peut-elle exister parmi les hommes?

Non, car chez les peuples les moins civilisés, la volonté personnelle est soumise à certains usages communs et à certaines règles générales. D'ailleurs, en admettant que quelques sauvages n'obéissent qu'à l'instinct individuel, on ne pourrait pas pour cela les regarder comme absolument libres, puisqu'ils dépendent de leurs besoins, et que, par suite de leur paresse, de leur imprévoyance et de la misère qui en résulte, ils manquent très-souvent de la *liberté* fort essentielle de manger quand ils ont faim, de boire quand ils ont soif, de se couvrir quand ils ont froid, etc., etc.

Qu'est-ce que la liberté dans la pratique?

C'est le pouvoir de faire tout ce qui ne nous est pas interdit *par la nature, par la conscience, par la loi, par la liberté d'autrui et par notre propre intérêt.*

Que nous interdit la *nature?*

D'entreprendre toute œuvre qui dépasse les forces de notre corps et la portée de notre esprit, et spécialement d'exercer une profession dont nous ne possédons pas les aptitudes.

Que nous interdit la *conscience?*

Elle nous interdit, en général, tout ce qui est contraire à nos devoirs envers Dieu, envers nos semblables et envers nous-mêmes.

Un républicain a-t-il, plus qu'un autre, des devoirs à remplir envers Dieu?

Oui, parce que, se trouvant dans une meilleure condition que l'esclave, il doit au Créateur plus de reconnaissance que ce dernier.

Un républicain a-t-il, plus qu'un autre, des devoirs à remplir envers ses semblables?

Oui, parce que la République étant une famille, tous les membres qui la composent sont ses proches.

Un républicain a-t-il, plus qu'un autre, des devoirs à remplir envers lui-même?

Oui, puisqu'il doit se respecter non seulement comme homme, mais comme souverain (attendu qu'il exerce sa part de souveraineté); il ne doit donc rien faire qui compromette dans sa personne cette éminente qualité.

Quel est le principe du républicanisme?

Montesquieu a dit avec raison que c'est la vertu.

Pourquoi?

Parce que, comme sous ce régime la vertu est à peu près le seul moyen de se distinguer, l'intérêt du citoyen s'accorde avec son devoir pour lui conseiller d'être vertueux.

Quels sont plus particulièrement les vices contraires au républicanisme?

L'égoïsme, la lâcheté, la bassesse, la trahison, le mensonge et l'improbité.

Quelles sont les vertus plus particulièrement républicaines?

Le dévouement, le courage, la dignité, la loyauté, la franchise et la probité.

Quel est le véritable et unique moyen de conserver toujours sa liberté morale?

C'est d'être toujours maître de soi-même.

Qu'est-ce qui pourrait nous empêcher d'être maîtres de nous-mêmes?

Les passions et les habitudes. Ainsi, dans la colère, on n'est pas libre, puisqu'on fait non pas ce que l'on veut, mais ce que veut la passion. Ainsi, quand on s'est accoutumé, par exemple, à donner la journée du lundi à la dissipation, et à dépenser ce jour-là l'argent péniblement gagné pendant la semaine précédente, c'est en vain que l'on désire se corriger, et que l'on se promet de garder ses ressources pour nourrir sa famille, on se laisse aller à la tyrannie de l'habitude, dont le républicain doit savoir se délivrer, comme de toute tyrannie en général.

Que nous interdit la loi?

La loi nous interdit de commettre aucun des actes qu'elle a spécifiés et qualifiés d'*illicites.*

Que faut-il pour que la loi soit obligatoire?

Il faut qu'elle soit l'expression de la volonté générale.

Qu'entendez-vous par la volonté générale?

La volonté de tous les citoyens, ou du moins de la majorité d'entre eux, après qu'ils ont été tous consultés.

Qu'est-ce qu'un citoyen?

C'est un homme libre, qui est né dans notre pays, ou qui y est naturalisé, c'est-à-dire qui, soit en rendant certains services à notre patrie, soit en accomplissant certaines formalités, a obtenu d'être admis au droit de nationalité.

Toutes les personnes qui sont nées ou naturalisées en France peuvent donc y exercer les droits de citoyen?

Oui, quand elles ne sont pas dans des conditions d'incapacité ou d'indignité politique.

D'où peut provenir l'incapacité politique?

L'incapacité générale est la seule dont on tienne compte (car il serait trop difficile de constater les incapacités individuelles); l'incapacité générale, disons-nous, résulte du *sexe et de l'âge*, elle exclut de la vie publique les *femmes* et les *enfants*.

Pourquoi exclut-elle les *femmes?*

A cause de la faiblesse de leur organisation, et du gouvernement domestique que Dieu et la nature leur attribuent, et qui ne leur permet pas de s'occuper du gouvernement politique.

Pourquoi exclut-elle les *enfants?*

Parce que n'étant pas en état de se diriger eux-mêmes, ils ne sauraient concourir à diriger les autres.

D'où peut provenir l'indignité?

De la renonciation à la qualité de Français, et d'une flétrissure judiciaire. Elle exclut ceux *qui se sont fait naturaliser chez un peuple étranger*, et la classe entière des *repris de justice*.

Pourquoi exclut-elle ceux *qui ont renoncé à leur qualité de Français?*

Parce qu'ils sont présumés n'avoir pas bien senti tout le prix de notre nationalité, et ne méritent plus d'en exercer les prérogatives.

Pourquoi exclut-elle les *repris de justice?*

Parce que l'usage de la liberté doit être interdit à ceux qui en ont abusé; parce que ceux qui ont violé la loi déjà existante ne doivent pas être appelés à faire la loi nouvelle.

Tous les citoyens peuvent-ils travailler directement à la *législation?*

Non, puisqu'il leur serait impossible de se réunir et de s'entendre, et que d'ailleurs la patrie, pendant que tous les citoyens s'attacheraient à cette œuvre, ne serait ni défendue ni alimentée, etc., etc.; mais tous concourent à la législation par *l'élection*, c'est-à-dire par le choix d'un mandataire qui leur semble vertueux et éclairé, et dont les idées sont conformes aux leurs.

Un citoyen est-il obligé d'obéir à une loi, quoique son représentant ait *voté* contre cette loi?

Sans doute, puisqu'il est probable que la majorité des représentants a raison, et que la minorité se trompe. Quand même cela ne serait pas toujours vrai, il faudrait toujours accepter la décision du plus grand nombre, en se réservant de tâcher, par des moyens pacifiques, de faire triompher la meilleure opinion, ce qui arrive tôt ou tard sous un régime de liberté.

Ne pourrait-on pas exiger qu'une loi ne fût obligatoire que quand elle aurait réuni l'unanimité des suffrages, et par conséquent semblerait répondre à la volonté de toute la nation?

Non, car *l'unanimité* existe très-rarement sur une question quelconque, et si l'on attendait qu'elle se produisît, on ne terminerait jamais aucune affaire. La République serait exposée aux plus grands dangers ; lorsqu'il y aurait à prendre quelque mesure urgente et indispensable, il suffirait d'un seul représentant inintelligent, opiniâtre, mal intentionné ou soudoyé par l'étranger, pour tout arrêter, et pour perdre la patrie dans des circonstances critiques. C'est précisément cette nécessité d'un vote unanime qui a contribué à la ruine de la malheureuse Pologne, et l'a mise hors d'état de se défendre contre ses ennemis. Les citoyens doivent donc regarder comme obligatoire et inviolable toute loi votée par la majorité de leurs représentants, pourvu seulement qu'ils aient tous été appelés à concourir à l'élection de ces derniers, et qu'ils aient par cette élection exercé leur part de souveraineté.

Que nous interdit la *liberté d'autrui ?*

Tout ce qui est empiétement, usurpation, privilége, et même usage trop rigoureux de notre droit. Il vaut mieux céder quelque chose que d'amener un conflit par des exigences exagérées. Il faut éviter l'erreur de ces deux passants que j'ai vus dernièrement se heurter avec violence, tomber sur le pavé, et se relever assez grièvement blessés. Voici comment ils avaient raisonné chacun de son côté. « Il m'est permis de suivre la « voie publique, et d'y choisir la ligne qui me convient. Donc, « en marchant dans cette direction, je ne fais qu'user de ma « liberté légitime, et je ne dois pas dévier. » En s'opiniâtrant dans cette manière de voir (si bien fondée en apparence), ils continuèrent à marcher rapidement l'un vers l'autre, et il résulta de leur brutale rencontre un accident fâcheux pour l'un et l'autre, sans qu'aucun des deux se fût mis précisément dans son tort. Leur mésaventure prouve clairement que quand deux libertés se rencontrent, au lieu de s'entrechoquer, elles doivent se ranger un peu à droite et à gauche, afin de se faire réciproquement de la place.

Que nous interdit *notre propre intérêt ?*

De sacrifier le présent à l'avenir, de compromettre notre sort tout entier pour une satisfaction du moment. Cette interdiction est une des plus importantes à observer ; elle embrasse une multitude de cas plus ou moins graves. Nous nous bornerons à en faire une application qui a le mérite de l'actualité. — La plupart des ouvriers français ont obtenu, depuis la révolution, une augmentation de salaire, et une diminution dans la durée du travail quotidien. Jusqu'à présent leurs demandes ont été très-raisonnables, et d'ailleurs ils se sont soumis à l'arbitrage, aussi équitable que bienveillant pour eux, de la commission gouvernementale. Tout s'est donc passé pour le mieux ; et nous n'avons qu'à les féliciter de leur sagesse après la victoire, comme de leur héroïsme pendant le combat ; mais supposons un instant que, par erreur et sans intention mauvaise, ils eussent exigé une réduction de temps excessive et une augmentation de paie exagérée, qu'en serait-il résulté ? Les maîtres auraient subi momentanément ces conditions onéreuses, mais bientôt, ne pouvant plus équilibrer leurs recettes avec leurs dépenses, ils se seraient vus forcés d'abandonner leurs entreprises ; et pour avoir arraché quelques résultats minimes et passagers, les travailleurs se seraient privés pendant une longue période de leurs moyens indispensables d'existence. Ils auraient blessé, tué peut-être, l'industrie française, et méconnu en la tuant la leçon que nous donne le bon La Fontaine dans sa fable de *la Poule aux œufs d'or*. Cependant les ouvriers n'auraient fait, en agissant ainsi, qu'*user de leur liberté*, puisqu'ils sont libres de mettre à leur travail le prix qu'ils veulent, mais ils ne doivent pas en user contre *leur propre intérêt*.

2° Comparaison entre la prétendue liberté *constitutionnelle* du régime déchu et la véritable liberté du régime nouveau.

Quelles sont les libertés que nous dérobait le dernier gouvernement monarchique, et que la République nous restitue ?

On pourrait répondre *toutes*, car, en droit, il n'y en avait aucune dont le principe fût admis dans toute son étendue, et, en fait, le pouvoir, par sa mauvaise foi, ses chicanes et ses subtilités, restreignait de plus en plus chaque jour, la jouissance de celles qu'il n'avait pas osé effacer encore de sa législation *constitutionnelle*.

Ne pourriez-vous indiquer les plus importantes, celles dont l'acquisition doit le mieux nous faire apprécier les bienfaits du nouveau régime ?

On peut désigner particulièrement *la liberté d'association* et *la liberté de la presse*, qui étaient l'une et l'autre presque entièrement étouffées. Les Français jouissant de la meilleure réputation ne pouvaient se réunir au nombre de plus de vingt sans une autorisation de la police. L'on ne pouvait fonder un journal sans déposer un énorme cautionnement, sans payer le timbre, enfin sans avoir à sa disposition d'énormes capitaux ; il en résultait qu'il était difficile, sinon impossible, de faire connaître et triompher sa pensée, quand on n'appartenait pas plus ou moins à l'aristocratie d'argent, et que les intérêts du peuple avaient peu de véritables avocats dans la presse. Ajoutons que le journaliste qui se dévouait à la bonne cause s'exposait à des amendes ruineuses et à de longs emprisonnements.

Quels sont les principaux avantages de *l'association*?

L'amélioration des mœurs, le développement des intelligences, le triomphe des intérêts légitimes. Il arrive nécessairement que quand les hommes ont entre eux de publiques et fréquentes relations, ils ambitionnent l'estime et la considération de leurs semblables, font des efforts pour les mériter, et s'abstiennent soigneusement de ce qui pourrait les exposer au mépris, au blâme, ou même au ridicule. Ils apprennent à se respecter non seulement dans leur conduite, mais encore dans leur tenue et dans leur langage. L'émulation du bien s'empare de toutes les âmes, et il s'établit une espèce d'assurance mutuelle contre le déshonneur. — De plus, les coassociés s'éclairent réciproquement par la discussion. Si l'un d'eux apporte le germe d'une *idée*, un autre en trouve le développement, un troisième en détermine l'application ; et *l'idée* qui serait demeurée incomplète ou stérile dans la conception individuelle, devient, par le concours de plusieurs, la précieuse propriété de tous. La lumière jaillit du contact des êtres raisonnables, mieux encore que du frottement des substances brutes.—Enfin, les droits qui auraient été souvent abandonnés par la faiblesse de chacun, sont soutenus énergiquement par la puissance d'un grand nombre, comme les devoirs que le citoyen isolé aurait pu méconnaître sont religieusement accomplis par la conscience collective..

Quels sont les principaux avantages de la *presse?*

Les mêmes que ceux que présente l'association, mais dans des proportions beaucoup plus vastes, parce que les lecteurs peuvent être infiniment plus nombreux que les auditeurs. Par elle, la pensée d'un seul devient la propriété, non plus seulement de ceux qui sont en rapport avec lui, mais de tous ses concitoyens, et de tous les hommes civilsés du monde entier. La *presse* est à peu près la seule *police* que puissent supporter les sociétés modernes, *police* qui surveille à la fois les gouvernants et les gouvernés. Elle provoque et glorifie le bien, elle dénonce et flétrit le mal. Il est vrai qu'elle n'est pas infaillible; que les écrivains peuvent errer dans leur jugement. calomnier avec ou sans intention, etc., etc., mais la liberté fournit le remède aux blessures qu'elle fait. Ceux qui ont à se plaindre d'un journal en trouvent vingt autres pour protester, pour défendre leur honneur, et la vérité finit toujours par gagner sa cause devant le tribunal de l'opinion publique.

5º Problèmes de Liberté.

Toutes les propositions de liberté sont-elles aussi simples et aussi faciles à résoudre que celles que nous venons de traiter?

Non, il en est qui présentent des difficultés et qui ne seront parfaitement résolues que par le secours de la science, et à l'aide des progrès naturels que le temps amènera. Si l'on voulait les proclamer trop tôt, on compromettrait un intérêt encore plus sacré que celui de la *liberté*, l'intérêt du *salut public*.

Quelles sont ces libertés dont l'usage immédiat offre des embarras ou des dangers?

On peut citer entre autres libertés de cette catégorie *la liberté de l'enseignement et la liberté du commerce.*

Tout Français ne doit-il pas être libre d'adopter la profession de l'enseignement s'il se croit appelé à l'exercer dignement?

Il ne faut interdire à aucun citoyen digne ou capable l'entrée d'une carrière quelconque; mais comme la moralité et le bonheur des générations nouvelles dépendent de l'éducation qu'elles recevront, et que l'avenir de la République repose sur celui de la jeunesse, on comprend que l'Etat ne puisse permettre à personne d'enseigner des doctrines pernicieuses et anti-républicaines, propres à corrompre ou à énerver les âmes. Il est même obligé de s'assurer que l'instruction donnée aux enfants soit suffisante pour mettre à profit le plus possible les facultés qu'ils ont reçues de la nature et qu'ils consacreront à leur patrie. Au surplus, cet intéressant problème est à l'étude dans ce moment par les soins du gouvernement : nous n'avons pas à nous prononcer davantage sur ce sujet. Bornons-nous à dire qu'avec un système d'inspection fortement organisé, et qui ne ressemblerait en rien à celui qui a prévalu jusqu'à présent, on conciliera sans doute les justes prétentions des particuliers qui veulent enseigner, et la sollicitude, mille fois plus juste encore, de l'Etat qui ne veut pas qu'on enseigne mal.

Tout Français ne doit-il pas être libre de diriger comme il l'entend les opérations industrielles ou commerciales qu'il lui convient d'entreprendre?

Oui, quand il opère à l'intérieur avec ses concitoyens; mais quand il a affaire aux étrangers, il est forcé de se soumettre à certaines règles que le salut de la France nous obligera peut-être de maintenir pour une durée plus ou moins longue. Il lui est défendu d'*importer* ou d'*exporter*, c'est-à-dire de faire entrer sur le territoire national ou d'en faire sortir certaines marchandises. Il est assujetti à payer certains droits pour l'entrée ou la sortie de quelques autres objets, en un mot ce que l'on appelle le *libre échange* n'existe pas encore pour les commerçants français.

Quels sont les avantages du libre échange?

Ils consistent en ce que le prix des produits agricoles et manufacturés, moins coûteux chez d'autres peuples que chez nous, baisse en France quand ces produits s'introduisent, ce qui tend à favoriser les consommateurs, et à procurer aux ouvriers *la vie à bon marché*.

Quels sont les inconvénients du libre échange?

Ils consistent en ce que, s'il était admis, les producteurs français, soit agriculteurs, soit industriels, ne pouvant donner leurs denrées, leurs étoffes, etc., au même prix que les étrangers, se décourageraient probablement et abandonneraient en grande partie la culture et la fabrication; d'où il résulterait un chômage presque universel. Or, les ouvriers, en perdant l'ouvrage qui est leur unique ressource, perdraient beaucoup plus qu'ils n'auraient pu gagner par une diminution passagère dans le prix de leur nourriture et de leurs vêtements. Sans compter qu'au cas de guerre, la France, ne trouvant plus dans son propre sein les objets de première nécessité, se verrait à la discrétion des autres nations, qui la rançonneraient, l'affameraient, etc., etc., si tel était leur bon plaisir.

D'où vient que les producteurs français ne peuvent pas soutenir la *concurrence* étrangère?

Cela tient à plusieurs causes diverses : en agriculture, par exemple, et dans quelques fabrications spéciales, notre infériorité provient des *procédés* que nous employons. Dans d'autres travaux, elle résulte du *salaire* de nos travailleurs qui se trouve plus élevé que celui des travailleurs étrangers : ce qui oblige nos producteurs à vendre leurs produits plus chers.

Est-il possible de changer cette situation ?

En ce qui concerne l'*insuffisance des procédés*, les secours de la science, les encouragements du gouvernement républicain, l'intelligence, la bonne volonté, le patriotisme des producteurs, amèneront prochainement de grandes améliorations et feront disparaître cette cause d'infériorité. Pour ce qui se rapporte au *salaire*, nous ne devons ni ne voulons songer à les diminuer; mais il est à espérer que les ouvriers des autres nations comprendront tôt ou tard leurs droits et exigeront de leurs maîtres une augmentation qui rétablira l'équilibre entre nos *prix de revient* et les leurs.

La *concurrence* est-elle fondée sur la nature des choses, et porte-t-elle en elle-même un caractère de perpétuité ?

Il est permis de penser que si une paix éternelle était assurée entre les peuples, ils s'entendraient de manière à produire chacun ce qui répond le mieux à la fécondité particulière de son sol et au génie particulier de ses habitants, de telle sorte que tous les objets de consommation deviendraient beaucoup plus abondants et beaucoup moins coûteux. Mais la concurrence existera nécessairement tant qu'une si douce espérance ne sera pas réalisée, et jusque-là, la France doit se mettre en garde contre les périls du *libre échange*.

DEUXIÈME PARTIE.

DE L'ÉGALITÉ.

1° Définition de l'Égalité.

Qu'est-ce que l'égalité en théorie?

C'est la possession des mêmes avantages par tous les êtres humains.

Cette sorte d'égalité peut-elle exister parmi les hommes?

Non : car il y a des inégalités qui proviennent de notre organisation ou de notre conduite, et que le gouvernement le plus parfait ne saurait faire disparaître entièrement.

Qu'est-ce que l'égalité dans la pratique?

C'est la participation de tous les membres du corps social, dans la même mesure, aux bénéfices de l'association, tels que *sécurité*, *influence*, *considération*, *bien-être*, etc. , etc., et aux charges de l'association, telles que *le service militaire*, *l'impôt* et une *coopération active à toutes les œuvres d'un intérêt général*.

En quoi consiste l'égalité de *sécurité*?

En ce que l'on peut compter que la sûreté d'une province ou d'un citoyen quelconque préoccupe le pouvoir qui en répond autant que la sûreté de toute autre province ou de tout autre citoyen. Dans le moyen-âge, certaines parties du territoire ont été souvent livrées sans défense aux incursions de l'ennemi et aux dévastations des bandes de pillards qui infestaient nos contrées, tandis que les forces nationales se concentraient autour de la personne du monarque, et ne protégeaient que les lieux qu'il lui plaisait d'habiter. La vie des serfs et des vilains était comptée pour peu de chose. Le meurtre commis sur eux s'expiait par une faible amende ou ne s'expiait pas du tout, tandis que le meurtre d'un gentilhomme attirait sur son auteur les supplices les plus affreux. Dans des siècles plus rapprochés, on n'a plus osé, il est vrai, absoudre ouvertement celui qui avait rougi ses mains du sang d'un roturier ; mais on a eu recours à mille expédients pour atténuer la peine encourue par le criminel. Pour qu'il y ait égalité de *sécurité*, il faut que chacun ait la certitude que non seulement l'homicide, mais la moindre violence ou le moindre outrage provoqueront le même châtiment, quels que soient le rang, la position et la fortune du coupable et de la victime.

En quoi consiste l'égalité d'*influence*?

En ce que chacun participe au même degré à la direction des affaires communes. Elle suppose la possession du droit d'éligibilité, du droit électoral, et l'admissibilité de tout citoyen aux fonctions de différents genres, politiques, judiciaires, administratives, etc., etc., dans l'exercice desquelles il peut influer plus ou moins sur les destinées nationales.

En quoi consiste l'égalité de *considération*?

En ce que, dans toute circonstance, tous les citoyens obtiennent les mêmes égards et sont traités avec la même bienséance, sans aucune autre distinction que celle qui pourrait s'appuyer sur le mérite personnel, sur les services rendus à la patrie, ou sur une autorité émanée de la souveraineté populaire. Il faut que dans les formules du langage habituel (les plus indifférentes en apparence), et jusque dans le ton et les manières, la politesse et la courtoisie président à nos relations familières, sans que nous tenions compte aucunement de la vieille et fausse gradation établie entre les prétendues classes de la société.

En quoi consiste l'égalité de *bien-être*?

En ce que nul n'est ni exclu ni lésé quant à la répartition des ressources positives dont la République dispose, savoir : du travail qu'elle ne refusera désormais à aucun citoyen valide; des secours qu'elle prodigue à tout citoyen invalide; des émoluments, pensions, récompenses nationales qu'elle accordera en raison des titres déterminés par la loi.

En quoi consiste l'égalité du *service militaire*?

En ce que, dans les circonstances extraordinaires, tous les hommes en état de porter les armes sont soldats, et dans les circonstances ordinaires, ceux-là le sont seulement qui en ont l'inclination, à moins que leur nombre soit insuffisant, auquel cas le sort doit y suppléer.

En quoi consiste l'égalité de *l'impôt*?

En ce qu'il ne cause que le même dommage ou la même privation à tous les contribuables. Ainsi, comme *cinq francs* pris à celui qui n'a que *cent francs* de revenu lui causent une diminution plus sensible que *dix franc* pris à celui qui en a deux cents, et que mille francs à celui qui a vingt mille francs de rente, l'égalité véritable exige que l'on établisse une proportion d'après ce principe que le *nécessaire doit le plus possible être épargné et le superflu atteint le plus possible*.

En quoi consiste l'égalité de *coopération*?

En ce que la République en appelle également à tous ses fils et leur demande, quand elle en a besoin, des sacrifices pareils de temps, d'argent, d'activité, en un mot, la même somme de dévouement, sauf les situations exceptionnelles dans lesquelles elle est obligée de recourir plus spécialement à la bonne volonté d'un ou de plusieurs de ses enfants.

Existe-t-il des hommes qui soient inférieurs à la généralité des hommes?

Les *méchants* et les *paresseux* sont à l'état d'infériorité morale.

Quels sont ceux que l'on doit considérer comme *méchants*?

D'abord ceux qui font *du mal* aux autres hommes en attaquant injustement leur vie, leur réputation, leur bonheur, en troublant leur existence par une agression quelconque, ensuite ceux qui ne les préservent pas *du mal* lorsqu'ils en ont la possibilité.

On peut donc être coupable pour ce que l'on n'a pas fait aussi bien que pour ce que l'on a fait?

Sans aucun doute. Celui qui a entendu le cri *au secours* et qui ne s'est pas rendu à ce déchirant appel, quoiqu'il fût à portée et en état de prêter main-forte à la détresse qui l'invoquait; celui dont l'oreille a été frappée par la plainte désespérée de l'indigence aux abois, et qui n'est pas allé lui porter le nécessaire, tandis qu'il disposait lui-même du superflu; celui-là, aux yeux du vrai républicain, est presque autant *l'assassin* de ceux qu'il a laissés mourir d'accident ou de faim, par lâcheté, par indifférence ou par avarice, que le meurtrier est *l'assassin* de ceux qu'il immole par fureur, par vengeance ou par cupidité; l'un est un homicide *actif* et l'autre un homicide *passif*, mais ils répondent tous les deux des angoisses et de la mort de la victime.

Quels sont ceux qui méritent la qualification de *paresseux*?

Tous les membres valides du corps social qui lui sont inutiles ou moins utiles qu'ils ne pourraient l'être.

Il n'est donc pas permis d'être inutile?

Non, puisqu'il est impossible de vivre dans la société sans recevoir d'elle quelque bienfait, en protection, en assistance de différents genres ; on contracte, par cela seul que l'on vit dans son sein, une dette sacrée que l'on ne peut payer qu'en s'utilisant à son profit.

L'estime que l'on accorde à un citoyen se mesure-t-elle à son utilité sociale ?

Pas précisément. Car il ne dépend pas toujours de nous de rendre à la communauté des services plus ou moins importants, attendu que nous ne pouvons la servir que dans la proportion de nos facultés personnelles. Le plus estimable est celui qui fait le plus complétement ce qu'il peut faire.

Existe-t-il des hommes qui soient supérieurs à la généralité des hommes ?

Ceux dont la vertu s'élève jusqu'à l'*héroïsme* et l'intelligence jusqu'au *génie* sont à l'état de supériorité morale.

La vertu ordinaire n'est donc pas une supériorité ?

Non, ce n'est que la simple pratique républicaine.

L'intelligence ordinaire n'est donc pas une supériorité ?

Non, ce n'est que la condition normale de l'homme civilisé.

2° Comparaison entre la prétendue égalité constitutionnelle et la véritable égalité républicaine.

En fait d'égalité, que nous avait dérobé le régime monarchique, et que doit nous rendre le régime républicain ?

Il serait juste de répondre, pour *l'égalité* comme pour la *liberté : tout*. Car jamais il n'a existé dans la théorie législative qu'une *égalité* menteuse, et seulement apparente que le pouvoir s'efforçait encore de rendre illusoire dans la pratique par ses déloyales interprétations.

Ne peut-on pas citer quelques-unes de ces *égalités* menteuses qui désormais deviendront des vérités ?

Trois des plus importantes sont *l'égalité devant la loi*, *l'égalité devant la justice* et *l'égalité devant la gloire*.

La Charte constitutionnelle n'avait-elle pas cependant adopté ce principe : *Que tous les Français sont égaux devant la loi ?*

Elle l'avait en effet proclamé, mais elle en avait rendu la réalisation impossible. D'abord, pour être *égaux devant la loi*, il faut que les citoyens aient tous *également* contribué à la faire, ou par eux-mêmes, ou par les représentants auxquels ils ont confié l'exercice de leur part de souveraineté. Or, sous le gouvernement précédent, il n'y avait d'appelés à concourir aux œuvres de législation que les censitaires imposés à deux cents francs, c'est-à-dire une faible portion de l'ex-bourgeoisie. Quant à l'immense majorité des Français, moins favorisés de la fortune, quant à ceux qui n'ont pour vivre que leur travail quotidien, on ne les consultait ni directement ni indirectement ; de sorte que c'étaient précisément les intérêts qui avaient le plus besoin d'être défendus qui n'étaient ni entendus ni représentés. On *légiférait* sans eux et contre eux. Les citoyens qui nourrissent l'Etat au prix de leurs sueurs, ceux qui le défendent au prix de leur sang ; les laboureurs, les artisans et les soldats ne faisaient connaissance avec *la loi* que quand il s'agissait pour eux d'en subir quelque rigoureuse application. Aussi, au lieu de s'offrir à eux sous l'aspect de la maternité sociale, tutélaire, protectrice et prévoyante, *la loi* ne leur apparaissait jamais que sous les dehors d'une odieuse mégère qui ne sait que punir, et qui n'accorde à ses enfants ni sollicitude, ni caresses, ni encouragements, ni récompenses. La République, au contraire, consultera tous les Français sans distinction. Aucune règle de conduite ne sera inscrite dans les codes que comme la fidèle expression de l'opinion générale. De la sorte, en obéissant à *la loi*, nous nous obéirons à nous-mêmes, et c'est là la seule obéissance digne des êtres raisonnables. Car, obéir à la volonté d'autrui sans avoir pu, sinon faire prévaloir la sienne propre, du moins l'exprimer et la discuter, c'est subir un esclavage plus ou moins déguisé. En outre, pour être *égaux devant la loi*, il faut que les citoyens soient tous traités par elle de la même manière, en raison des mêmes actes. Or, jusqu'à ce jour, il y a toujours eu dans nos codes un certain nombre de faits qui étaient ou qui n'étaient pas qualifiés de *délits*, selon que leurs auteurs appartenaient à telle ou telle classe de la société. C'est ainsi, par exemple, que les *coalitions d'ouvriers* entraînaient une répression correctionnelle, et que celles des maîtres étaient tolérées. Sous la République, il ne sera tenu compte que de l'action en elle-même, indépendamment de la personne, et ce qui sera licite ou illicite pour les uns, sera sans aucune exception licite ou illicite pour les autres.

Tout Français ne pouvait-il pas faire valoir, sous la monarchie, ses prétentions devant les tribunaux, et ne jouissions-nous pas déjà par conséquent de l'*égalité devant la justice?*

Ce droit était écrit et s'exerçait dans certains cas; mais le plus souvent il restait à l'état d'abstraction et ne s'appliquait nullement. Ainsi, pour commencer et continuer un procès, il fallait, et il faut encore (parce que la République n'a pas encore eu le temps d'effectuer cette réforme) disposer d'une grosse somme d'argent. Si le *pauvre* avait à recueillir un héritage contesté, n'ayant pas d'avances pour payer les avoués, les huissiers, etc., etc., il était obligé ou bien de renoncer à ses droits et de rester *pauvre;* ou bien de passer par les mains des usuriers, qui, lorsqu'ils jugeaient l'affaire très-bonne, avançaient le montant des premiers frais à condition d'enlever au plaideur la plus forte part du capital en litige. Si le *pauvre* avait été outragé par voies de fait ou par injures, lésé en quoi que ce soit, il ne pouvait obtenir une réparation légitime faute d'avoir de quoi poursuivre judiciairement l'agresseur. Lorsqu'il s'était formé dans la classe indigente une union malheureuse; qu'il y avait incompatibilité de caractère entre le mari et la femme, indignité ou violence de la part de l'un des deux : la ressource légale de la *séparation de corps* n'existait pas pour le couple indigent comme pour un couple appartenant à une classe plus aisée : les époux mal assortis étaient condamnés à rester ensemble, parce que la procédure séparatrice *coûte trop cher.* Dès que le gouvernement républicain aura pourvu au plus pressé, c'est-à-dire qu'il aura assuré au dehors et au dedans le salut de la patrie, il s'occupera avec ardeur de supprimer ces abus si criants, et s'arrangera pour que la *justice* soit réellement gratuite, et qu'il y ait des *huissiers*, *des avoués et des avocats du peuple*, comme il y a eu trop longtemps des *avocats et des procureurs du roi.*

Comment les Français n'étaient-ils pas égaux devant *la gloire* que l'on ne peut conquérir que par son propre mérite?

Ils n'étaient pas égaux devant *la gloire* par cette raison qu'ils n'étaient pas égaux devant *l'éducation.* On ne naît pas grand homme, on le devient, et, pour cela, il faut que les dispositions naturelles, si puissantes qu'elles soient, reçoivent des excitations et des développements. C'est une erreur de croire que la nature fait tout; à peine trouve-t-on dans l'histoire deux ou trois renommées miraculeuses qui se soient produites sans aucune assistance. Qui pourrait soutenir de bonne foi que nos concitoyens illustres dans les sciences, dans les lettres, dans les arts, dans l'industrie, seraient devenus grands et célèbres s'ils n'avaient reçu nulle instruction, ou s'ils n'avaient reçu strictement que l'instruction insuffisante qui s'est donnée depuis l'époque moderne dans les écoles primaires ? Que d'enfants du peuple portaient dans leur sein le germe du génie et sont morts inconnus faute d'un enseignement assez énergique pour le faire éclore ! Que de gloires enfouies sans avoir vu le jour ! Que d'œuvres qui ont péri à l'état de vagues et stériles conceptions dans la tête d'une foule d'ignorants sublimes ! Et ce qui est vrai du génie l'est aussi, jusqu'à un certain point, de l'héroïsme. Car souvent la grandeur des sentiments répond à celle des pensées, et celle des actions résulte des deux premières. Il peut arriver que quand l'esprit est aveugle, le cœur reste muet, et que les magnifiques élans de l'âme soient arrêtés par les langueurs d'une imagination dont rien n'a déterminé l'éveil. Il n'y a eu jusqu'à présent qu'une faible minorité qui ait pu produire ses *grands hommes*. Grâce au républicanisme, l'humanité tout entière va fournir désormais son contingent de canditdats pour l'immortalité. Pour amener ce merveilleux résultat, il ne faut qu'une éducation primaire universelle si forte et si judicieuse qu'aucune organisation supérieure ne puisse résister à ses provocations, et une inspection si vigilante et si éclairée qu'aucun enfant de génie ne lui échappe ; afin que l'Etat, averti à chaque éclosion nouvelle, s'empare du précieux sujet qui lui est signalé et l'élève pour la gloire sous les auspices de la patrie.

Les institutions républicaines, après avoir supprimé toutes les inégalités *sociales*, n'auront-elles aucune influence sur les inégalités que l'on considère comme *naturelles*, telles que les inégalités de *santé*, de *force*, de *beauté*, d'*intelligence*, de *sagesse* et de *vertu*?

Elles ne les effaceront peut-être pas tout à fait, mais elles ne peuvent manquer de les réduire singulièrement. Les maladies, les infirmités, la faiblesse corporelle, proviennent souvent d'un excès de travail que des règlements paternels sauront modérer ; de l'insalubrité des logements et de la nourriture, qui disparaîtra par l'augmentation des ressources du travailleur, par les notions d'économie domestique et d'hygiène qui lui seront inculquées dès son jeune âge, par la réduction des dépenses résultant de la vie en commun et de l'association des familles, et surtout par la sobriété qui prévaudra, grâce au sentiment de la dignité républicaine. *La force et la beauté* ont un rapport intime avec la santé; ce qui assure et conserve cette dernière, assure et conserve pareillement les deux autres avantages; car la plupart des hommes contrefaits ou défigurés le sont par des causes qui touchent à la santé et à la moralité, et qui n'agiront plus dès que l'amélioration morale et l'amélioration physique seront l'objet d'une sollicitude convenable. La différence native entre les facultés intellectuelles des êtres humains est loin d'être aussi prononcée qu'on le croit généralement. Ce qui met un abîme entre certains esprits et certains autres, c'est que les premiers ont été cultivés et que les seconds ne l'ont pas été. C'est, de plus, que parmi ceux-là même qui ont reçu le bienfait de l'éducation, il en est auxquels on a donné une culture appropriée à leur organisation particulière, ce qui a déterminé un prodigieux développement; chez d'autres, au contraire, l'instruction ne répondait pas aux dispositions spéciales du sujet, et il en est résulté une croissance forcée des facultés dans une direction qui ne leur convenait pas; de là tant *d'intelligences* qui ne peuvent s'élever, pas plus que les plantes confiées à un sol qui n'est pas fait pour elles, ou qui s'élèvent chétives et faussées comme des arbrisseaux à la tige tortueuse et sans consistance. Quand on aura fourni le nécessaire pour croître, à tous les esprits aussi bien qu'à tous les corps, et qu'on aura su reconnaître la tendance de chacun, afin de la favoriser le plus possible, au lieu de la violenter en la dirigeant contre nature, on sera surpris et ravi tout à la fois de les voir atteindre presque tous le même niveau, porter les mêmes fruits. La *sagesse* et la *vertu* se généraliseront aussi par l'éducation. Elles seront l'objet d'un certain nombre de traités élémentaires à l'usage non seulement des écoliers, mais des adultes qui, nés trop longtemps avant l'ère nouvelle, n'ont pu apprendre dans leur jeunesse la science d'être *heureux* et celle d'être *bon*. Les instituteurs commenteront ces précieux ouvrages et les mettront de plus en plus à la portée de leurs auditeurs et de quiconque ira les consulter; car ils devront, à partir de ce moment, être les jurisconsultes du peuple en fait de conduite, et ne jamais laisser sans solution ni un cas de conscience, ni une difficulté d'affaires sur laquelle un concitoyen aura recours à leurs lumières. Il ne faut pas croire qu'il soit toujours parfaitement facile d'être honnête homme et qu'il suffira de le vouloir. Sans doute, dans les circonstances ordinaires, l'instinct du bien et la droiture du cœur nous dirigent en toute sûreté. Mais il se présente quelquefois des questions embarrassantes où le mieux intentionné ne sait pas ce qu'il doit faire, parce qu'il se trouve placé entre deux devoirs qui semblent s'exclure, et ne discerne pas lequel est le plus impérieux. Alors il est indispensable qu'il trouve, soit dans des livres simples, clairs et précis sur ces matières délicates, soit dans les renseignements d'un instituteur, la prompte cessation de ses doutes et le terme de ses perplexités. Quand une ou deux générations auront été formées sous l'influence de principes républicains, on verra disparaître peu à peu l'espèce des criminels et diminuer celle des sots ; l'on se montrera un scélérat comme un phénomène monstrueux, et un ignorant comme un phénomène ridicule.

5° Problèmes d'Égalité.

Toutes les propositions d'*égalité* sont-elles aussi simples que les précédentes : *Nous sommes égaux devant la loi, nous sommes égaux devant l'éducation*, etc., etc. ?

Non. Il est quelques questions d'*égalité* aussi bien que de *liberté* qui sont difficultueuses et ne se résoudront parfaitement que quand la science sociale sera plus avancée.

Que doivent faire ceux qui auraient intérêt à voir accélérer la solution de ces questions ?

Ils doivent se borner à demander qu'elles soient étudiées par les penseurs d'élite, sous la direction du gouvernement, et attendre sans éprouver impatience ni colère, sans jamais recourir à la force brutale, le jour où quelque nouveau progrès, reconnu réalisable par les intelligences compétentes, pourra passer de la théorie dans la pratique.

Parmi les *inégalités* qui peuvent être l'objet d'une discussion, quelles sont les plus importantes ?

Ce sont les inégalités relatives au *sexe* et à la *fortune*.

Est-ce que la *femme* n'est pas l'*égale* de l'homme ?

L'époux d'une femme vertueuse n'admettra jamais que son

épouse soit son *inférieure*. Le fils d'une bonne mère n'admettra jamais non plus que sa mère soit l'*inférieure* de son père. La question est donc tranchée par le sentiment, et il est incontestable en principe que la valeur morale de la femme, en général, est absolument la même que celle de l'homme. Cependant il reste quelques difficultés dans l'application. Ainsi, comme nous l'avons fait remarquer plus haut, les femmes ne semblent pas appelées à participer aux affaires publiques, soit à cause de la faiblesse de leur organisation, soit à cause de la mission que Dieu leur a donnée de veiller sur leurs enfants et de gouverner leur ménage. Quelques-unes se prétendent lésées dans ce partage, et, selon nous, elles ont tort. Car si leur tâche est moins brillante elle est plus douce, et les joies ineffables du cœur valent bien celles de l'amour-propre. Quoi qu'il en soit, il faut s'arrêter à cette opinion, qu'entre le mérite de la femme et celui de l'homme, il n'y a que diversité et nullement inégalité.

Est-ce que tous les citoyens ne doivent pas posséder la même *fortune* en vertu de l'égalité?

Ils doivent nécessairement avoir la même part à tous les avantages *matériels* aussi bien que *moraux* dont l'État est le répartiteur, mais non pas à ceux qui sont possédés en vertu d'un droit individuel.

Sur quoi repose le droit individuel à la possession de la fortune?

Sur le travail et le mérite personnel du possesseur.

S'il en est ainsi, l'hérédité n'est qu'un privilége, et l'enfant qui n'a fait que se donner la peine de naître n'a point le droit de posséder.

Ce n'est pas du droit de l'enfant qu'il faut se préoccuper, mais de celui du père. Remontons à l'origine de la seule propriété légitime, celle qui provient de l'intelligence et de l'activité. Voici un homme qui travaille deux fois, trois fois, cent fois plus que son voisin, et qui se rend deux fois, trois fois, cent fois plus utile que lui à la société ; il n'est pas injuste que, par un effort double, triple ou centuple, il obtienne proportionnellement un prix de son labeur double, triple ou centuple. Or, comment en réalité jouira-t-il d'une récompense ainsi multipliée? Ce n'est pas par ses propres satisfactions seulement, car la consommation individuelle est très-limitée, et d'ailleurs l'envie de se procurer une consommation un peu plus abondante, dans une époque où, s'il plaît à Dieu, personne ne manquera, serait évidemment un mobile trop peu puissant pour porter le travailleur à faire tout le possible. Un stimulant plus énergique et plus noble est indispensable, et il faut pour que les œuvres à accomplir aient le caractère de l'infini, que les prix proposés à l'ouvrier portent ce même caractère. Si je ne me fatigue que pour l'unité *moi*, je donnerai à l'État l'unité de *produit*; mais si je me fatigue pour mon enfant chéri, pour les enfants de mon enfant, en un mot pour ma postérité; on peut espérer des résultats sans mesure de celui dont la perspective est sans bornes. Ce n'est donc pas du droit du fils qu'il faut se préoccuper, mais du droit du père qui, étant devenu maître de la chose acquise, peut la transmettre, puisqu'après tout, la transmission n'est qu'une manière d'en user dans l'avenir, comme la consommation ou dépense est une manière d'en user dans le présent. Détruire l'hérédité, ce serait du même coup tuer le bonheur du père de famille travailleur et tuer aussi son activité, c'est-à-dire préjudicier à la société tout entière encore plus qu'à l'individu. Quiconque a gagné honnêtement est *libre* de disposer de son gain; et, dans ce cas, on ne ferait triompher l'*égalité absolue* qu'en lui sacrifiant sa sœur la *liberté*, non moins précieuse et non moins nécessaire qu'elle au genre humain.

Puisque l'intérêt de la liberté demande le maintien de la propriété, n'est-il pas à craindre que le propriétaire abuse du patrimoine, le laisse stérile par incurie ou par malveillance, et prive ainsi la nation d'une somme de produits qui sont de première nécessité; ou, encore, qu'il s'oppose à l'exécution de quelque mesure d'intérêt social pour laquelle on a besoin de se servir de ce qui lui appartient?

Dans ce cas, la loi suprême, celle du salut général, domine les droits de la liberté elle-même, et l'on remédie aux inconvénients du patrimoine par l'*expropriation pour cause d'utilité publique, moyennant indemnité*. Enfin, si la fortune était concentrée dans un trop petit nombre de mains, l'État obvierait à cette concentration au moyen d'un impôt judicieusement établi, qui pourrait atteindre les propriétaires, soit dans la jouissance du patrimoine, comme les taxes du revenu, soit dans sa transmission comme le droit d'enregistrement. Autant il était à redouter dans l'ancien régime que les richesses de la nation passassent par des mains corrompues et non surveillées, autant il est à désirer dans le nouveau, que le pouvoir, sous l'œil du peuple qui veille maintenant à ses propres affaires, soit toujours nanti de ressources assez considérables pour faire face à tous les besoins de la communauté. De même qu'une chaleur bienfaisante pompe la vapeur humide à la surface des fleuves, et entretient ainsi les réservoirs célestes d'où ces eaux, qui étaient infertiles dans leur cours, retombent en rosées fécondantes sur les parties du globe que désolait la sécheresse ; ainsi l'impôt, fonctionnant d'une manière équitable et savante, puisera sans cesse dans les fortunes particulières qui deviennent trop considérables, ou que l'égoïsme et l'incapacité laissent improductives, pour alimenter constamment la fortune publique qui doit être la source intarissable de la félicité de tous.

TROISIÈME PARTIE.

DE LA FRATERNITÉ.

Ici, plus de distinction entre la théorie et la pratique, plus de définitions à donner, plus de problèmes à résoudre... L'instinct du cœur suffit à tout, et, sur cette question, c'est le plus aimant qui est le plus savant.

La *liberté* peut être exagérée et l'*égalité* mal comprise, parce que la *liberté et l'égalité* sont deux choses humaines, quoique excellentes ; mais la *fraternité*, qui est d'origine divine, n'est susceptible d'aucun excès, ni d'aucune interprétation dangereuse. On ne saurait la pousser trop loin. Qui donc me blâmera de trop aimer mes semblables ?

C'est surtout la fraternité qui caractérise et qui sanctifie notre ère nouvelle. Les hommes ont été déjà à peu près libres et à peu près égaux à certaines époques et dans certains pays ; mais ils n'ont jamais encore été frères dans aucune barbarie, ni dans aucune civilisation.

Le barbare nomade fraternisait sous sa tente avec le voyageur, mais celui qu'il traitait en ami dans sa demeure, au-delà du seuil était son ennemi.

Le Grec civilisé savait mourir pour son frère d'armes, mais il allait à la chasse aux ilotes, et tuait un esclave avec plus de plaisir qu'une bête fauve.

Le républicain du moyen-âge portait d'une main l'épée consacrée à la défense de la patrie ; mais de l'autre le poignard destiné au concitoyen qui froisserait ses préjugés ou ses passions.

Je ne parle pas de ceux qui ont vécu sous une royauté ou sous une aristocratie. La maxime de toute tyrannie est de diviser pour régner, c'est-à-dire d'empêcher toute union fraternelle.

La *fraternité* donc n'existait que comme un noble et vague pressentiment chez les âmes sensibles. C'est dans les institutions qu'elle régnera désormais, pour de là se répandre dans les mœurs, pour animer notre vie publique et notre vie privée.

La *charité* a fait son temps ; elle a tempéré les rudes épreuves que l'humanité devait subir. Grâces lui soient rendues pour les pleurs qu'elle a séchés, les amertumes qu'elle a adoucies et les désespoirs qu'elle a calmés ; gloire à elle pour avoir conservé l'étincelle du feu sacré prêt à s'éteindre, et d'où jaillit aujourd'hui la flamme qui échauffe tous les cœurs.

Il ne s'agira bientôt plus d'aumône, car l'aumône ne se fait pas entre les membres d'une même famille. A qui la ferait-on d'ailleurs ? A celui qui ne veut pas travailler ? Il ne mérite que l'abandon ou le châtiment. A celui qui ne peut pas ? L'État aura pourvu à son sort. A celui qui veut travailler ?.... Il aura sa part de travail et sa part de produit.

Et ne craignez pas en supprimant la misère de supprimer le dévouement et la générosité.

D'abord, et malheureusement, tout ne sera pas *bien* de sitôt. Le nouveau régime ne pourra se produire que par un laborieux enfantement ; et la société, comme une femme pendant la gestation, aura besoin des soins les plus vigilants et de la tendresse la plus dévouée de la part de tous ceux qui lui souhaitent une heureuse délivrance. Il y aura donc une période (courte il faut l'espérer) de veilles et de fatigues, de sacrifices, en un mot, de renoncement à soi-même, qui est le meilleur précepte des antiques traditions républicaines.

Franchissons la crise, et arrivons au moment où tout le monde aura le vivre et le couvert. Croyez-vous que la tâche des âmes généreuses sera terminée pour cela ? Ne restera-t-il pas à distribuer le pain de la parole ? N'y aura-t-il plus des malades à soigner, des affligés à consoler, des esprits égarés à ramener à la raison et à la vertu ? Oh ! sans doute, il y aura moins de plaies, parce qu'il se fera moins de blessures ; parce que la République en cicatrisera beaucoup ; mais il en restera toujours assez pour que ce doux sentiment qu'on appelle la *pitié* trouve à naître, se développer et s'exercer autour de lui.

Mais avançons encore dans les voies de l'avenir. Admettons que tout est *bien*, est-ce un motif pour que les passions ardentes et amies de l'humanité se condamnent au repos ? Non, non, mille fois non, le *bien* est à nous ; marchons à la conquête du *mieux*. La première victoire nous garantit la seconde. Dans le monde du progrès, nous n'avons pas à craindre la découverte de cet Alexandre qui se plaignait de voir l'univers lui manquer.

Quand il n'y aura plus de pauvres, nous ferons de la bienfaisance en grand au lieu d'en faire en détail.

La découverte d'un philosophe contre une maladie de l'âme ou d'un médecin contre une maladie du corps, *bienfaisance!* L'invention par un agriculteur ou par un mécanicien d'un instrument qui double les produits et diminue le travail sans diminuer le salaire...: *bienfaisance!* L'importation par un savant voyageur d'une plante exotique qui varie notre alimentation, *bienfaisance!* L'introduction chez les peuples moins avancés des avantages de notre civilisation, *bienfaisance!* L'introduction chez nous d'un procédé utile emprunté aux étrangers, *bienfaisance!* La création d'un chef-d'œuvre dans les sciences, dans les lettres, dans les arts, *bienfaisance!* Enfin l'organisation de nos fêtes publiques et de nos plaisirs..... *bienfaisance! bienfaisance!* Ne craignons donc point que le dévouement et la générosité manqueront d'aliment dans la vie publique. Quant à la vie privée, il suffit de prononcer les noms de père, de mère, de fils, de frère et d'ami pour être sûr que la sensibilité ne saurait être compromise, mais au contraire qu'elle sera de plus en plus excitée et satisfaite par l'établissement du bonheur général.

Il y a des incrédules qui prennent nos espérances pour un rêve. Que leur répondre? ce qui fut répondu au sceptique de l'antiquité qui niait le mouvement. Vous ne voulez pas croire que nous parviendrons à ce but si désirable? Soit. Doutez si vous le voulez de l'arrivée, vous ne pouvez pas douter du départ, puisque nous avons déjà fait trois pas de géant dans cette direction.

La peine de mort est supprimée en matière politique; l'esclavage est aboli dans nos colonies; la paix universelle se prépare.

Plus de lutte violente entre deux concitoyens. Si les esprits ne s'accordent pas, ils en appelleront au cœur, qui sera le juge de paix universel. Plus de despotisme domestique; son existence, quand le despotisme politique est brisé, serait une étrange et odieuse anomalie. Plus de guerre entre deux nations; il sera établi une justice internationale devant laquelle chacun plaidera sa cause, et où le bon droit seul triomphera. Si le canon était le dernier argument des *rois*, qui traîtreusement s'appelaient *cousins*, il ne doit pas intervenir dans les discussions des peuples, qui loyalement se nomment *frères*. La guerre n'aura plus lieu que contre la nature et les éléments pour leur arracher les trésors que Dieu a mis en eux en nous les destinant à la seule condition de les y prendre. Ces nouveaux triomphes, au lieu de coûter du sang et des larmes,... au lieu d'être précédés de la ruine et de la dévastation, feront tressaillir d'allégresse tous les hommes, du septentrion au midi et de l'orient au couchant; ils augmenteront la prospérité commune et attireront sur le triomphateur un concert de bénédictions dont le ciel même se réjouira.

En effet, Dieu nous aime par cela seul que nous nous aimons; il nous fait un mérite de ce qui est en même temps un bonheur. Toute preuve d'amour donnée à l'un de nos semblables est un hommage rendu au Créateur; nul spectacle ne peut lui être aussi agréable que celui de notre bonne harmonie et de notre tendresse réciproque, et si quelque chose pouvait ajouter à sa félicité suprême, ce serait certainement la réalisation des principes qu'il a mis dans notre âme et qui y sont trop longtemps demeurés en germes stériles.

N'est-il pas le père de la famille comme nous en sommes les frères? N'est-ce pas de lui que procède le courage des héros qui ont fondé notre République et le génie des sages qui la gouvernent. Et n'est-il pas vrai de dire que la fin de toute tyrannie est *l'avénement de son règne sur la terre?*

FIN.

www.ingramcontent.com/pod-product-compliance
Lightning Source LLC
Chambersburg PA
CBHW051332050726
47595CB00006B/2319